Gikinoo'amaagewikweg miinawaa Gikinoo'amaagewininiwag

Percy Leed

**Gaa-anishinaabewisidood
Chato Ombishkebines Gonzalez**

Lerner Publications ◆ Gakaabikaang

Ininiwag miinawaa Ikwewag

Gaawiin izhisijigaadesinoon ojibwemowin ezhisijigaadeg zhaaganaashiimowin. Mii iko aabajichigaadeg ikwe eshkwesing da-dazhinjigaazod a'aw dinowa enanokiid, aanawi go inini gemaa gaye ikwe aawi. Gaawiin nawaj apiitendaagozisiin a'aw ikwe apiish a'aw inini anishinaabewiyang.

Ezhisijigaadeg yo'ow Mazina'igan

Gikinoo'amaagewikweg . . . 4

Gikinoo'amaagewikweg

Dazhi-anokiiwag
gikinoo'amaadiiwigamigong.
Gikinoo'amaagewag.

apibii'igan

apabiwin

Abiwining ayaamagadoon apibii'iganan miinawaa apabiwinan da-aabajichigaadeg.

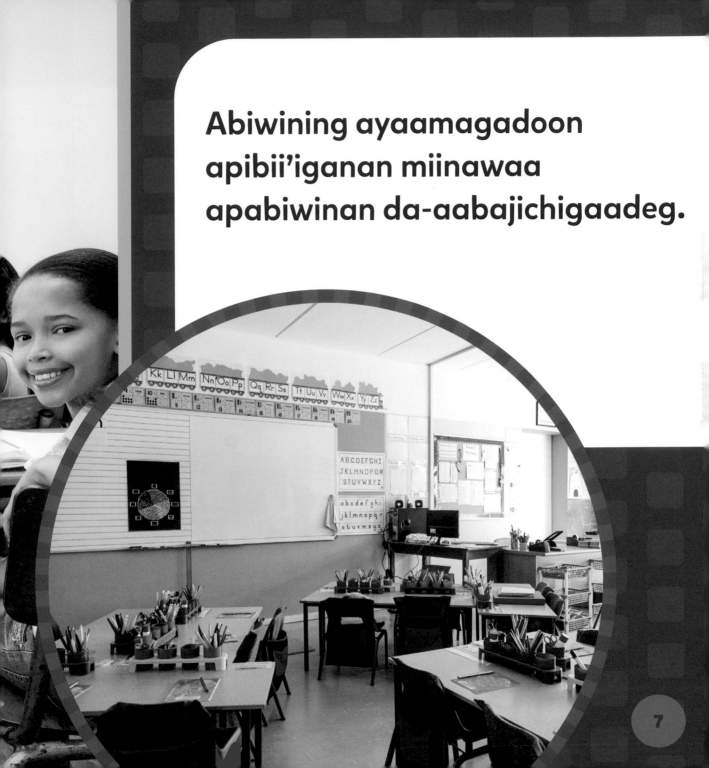

Gikinoo'amaagewag ingiw gekinoo'amaagejig.

Gikinoo'amaagewag da-agindaasonid biinish gaye da-ozhibii'igenid iniw gikinoo'amaaganan.

Bezhigwan izhi-gikinoo'amaagewaad aanind.

Maagizhaa gikinoo'amaagewag ezhi-zhizhoobii'igeng gemaa gaye ezhi-madwewechigeng.

Aanind dazhi-anokiiwag bimibatoowigamigong da-nitaa-ataagenid iniw gikinoo'amaaganan.

Awegonen ge-izhi-gikinoo'amaageyamban?

Ominwendaanaawaa da-minawaanigoziwaad gikinoo'amaagewaad. Aanind ominwendaanaawaa da-ataagewaad maagizhaa gaye da-odaminowaad.

Aaniin ge-izhichigewaad
da-minawaanigozing
gikinoo'amaagewaad?

Maagizhaa odaa-aabajitoonaawaan
mazinaabikiwebiniganan.

15

Ginwenzh anokiiwag ingiw gikinoo'amaagewikweg miinawaa gikinoo'amaagewininiwag.

Ayaapii maawanji'idiwag ingiw gekinoo'amaagejig miinawaa ingiw weniijaanisijig giizhi-gikinoo'amaading.

Gikinoo'amaagoziwag
da-nitaa-gikinoo'amaagewaad.

Aaniin wenji-gikinoo'amaagoziwaad gikinoo'amaagewikweg?

Aanoodiziwag ingiw gikinoo'amaagewikweg da-gikinoo'amawaawaad iniw gikinoo'amaaganan!

Gikendaasowinan!

Aaniish wenji-minwenimadwaa ingiw gikinoo'amaagewikweg?

Aaniin akeyaa ge-izhi-naadamook?

Giwii-gikinoo'amaage ina gichi-aya'aawiyan?

Ezhi-wiiji'iweyang miinawaa Enamanji'oyang

Apiitendaagwadini awiya i'iw akeyaa ezhi-gikinoo'amaagozid da-apiitenindizod maadagindaasod. Gagwejim egindaasod enendang:

Awegonen gaa-maamawi-minwendaman gii-agindaman yo'ow mazina'igan?

Awegonesh gekendaman azhigwa gaa-agindaman yo'ow mazina'igan?

Gimikwenimaa ina awiya nayaadamaaged megwaa agindaman yo'ow mazina'igan?

Mazinaakizonan

abiwin

bimibatoowigamig

gikinoo'amaaganag

mazinaabikiwebiniganan

Agindan onow

Anthony, William. *Teachers and You*. Minneapolis: Jump!, 2024.

Boothroyd, Jennifer. *All about Teachers*. Minneapolis: Lerner Publications, 2021.

Waxman, Laura Hamilton. *Teacher Tools*. Minneapolis: Lerner Publications, 2020.

Ikidowinan

Mazinaakizonan Gaa-ondinigaadeg

Nimbagidinigonaanig da-aabajitooyaang onow mazinaakizonan omaa mazina'iganing ingiw: © monkeybusinessimages/iStockphoto, pp. 4–5, 9; © wavebreakmedia/Shutterstock Images, pp. 6–7, 12–13, 23 (bottom right, bottom left); © Monkey Business Images/Shutterstock Images, pp. 7, 16, 23 (top left); © michaeljung/iStockphoto, p. 8; © anon-tae/iStockphoto, p. 10; © SDI Productions/iStockphoto, p. 11; © FatCamera/iStockphoto, p. 14; © Hero Images/iStockphoto, pp. 15, 23 (top right); © sturti/iStockphoto, p. 17; © Ground Picture/Shutterstock Images, pp. 18–19; © pixdeluxe/iStockphoto, p. 20. Cover Photograph: © monkeybusinessimages/iStockphoto. Design Elements: © Mighty Media, Inc.

Odibendaan Lerner Publications, Lerner Publishing Group, Inc.
241 First Avenue North
Gakaabikaang 55401 USA

Nanda-mikan nawaj mazina'iganan imaa www.lernerbooks.com.

Mikado a Medium izhinikaade yo'ow dinowa ezhibii'igaadeg.
Hannes von Doehren ogii-michi-giizhitoon yo'ow dinowa ezhibii'igaadeg.

ISBN 979-8-7656-4955-8 (PB)

Library of Congress Cataloging-in-Publication Data

The Cataloging-in-Publication Data for the English version of *Teachers: A First Look* is on file at the Library of Congress

ISBN 979-8-7656-2646-7 (lib. bdg.)
ISBN 979-8-7656-3700-5 (epub)

Nanda-mikan yo'ow mazina'igan imaa https://lccn.loc.gov/2023035557
Nanda-mikan yo'ow waasamoo-mazina'igan imaa https://lccn.loc.gov/2023035557

Gii-ozhichigaade Gichi-mookomaan-akiing
1-1010589-53596-3/29/2024